AF555843

LA FILLE, LA VEUVE, ET LA FEMME.

Parodie nouvelle des Fêtes de Thalie.

REPRESENTE'E POUR LA PREMIERE FOIS
Par les Comédiens Italiens ordinaires du Roy, le Samedy 21 Août 1745.

Le prix est de 24 sols.

A PARIS,
Chez DELORMEL, Quai des Augustins, à la descente du Pont-Neuf, au Nom de Jesus.

M. DCC. XLV.
AVEC PERMISSION.

ACTEURS.

ACASTE, Capitaine de Vaiſſeau, Amant de Leonore. Mr. Rochard.

CLEON, Pere de Leonore. Mr. Carlin.

LEONORE, Fille de Cleon & de Beliſe. Me. Deheſſe.

BELISE, Mere de Leonore. Mr. Vincent.

MATELOTS.

LA FILLE.

ACTE PREMIER.

Le Théâtre représente le Port de Marseille.

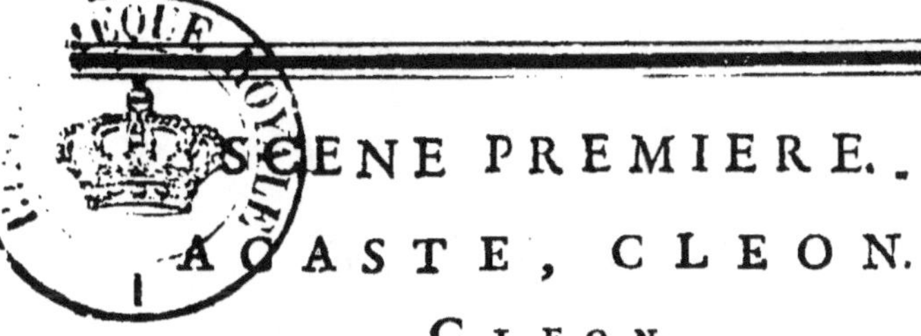

SCENE PREMIERE.

ACASTE, CLEON.

CLEON.

AIR. *Va-t'en voir s'ils viennent Jean.*

DItes-moi, quel est l'objet,
De votre tendresse.

ACASTE.

Nenni cela gâteroit,
Le nœud de la piéce
Mes gens pour le dénouement,
Près d'ici se tiennent.
Va-t'en voir s'ils viennent
Jean,
Va-t'en voir s'ils viennent.

CLEON.

AIR. *Est-ce que ça se demande.*

Des Fers vous m'avez sçû tirer
J'en suis ravi dans l'ame ;
Mais que sert de m'en délivrer,
Pour me rendre à ma femme?
On me croit mort

ACASTE.

Que craignez-vous?

CLEON.

Vous badinez, je pense,
Je crains ce que craint un époux
Après dix ans d'absence.

SCENE II.

ACASTE *seul.*

AIR. *Menuet de l'esprit Follet.*

QU'il est charmant,
D'aimer une belle,
Tendrement !
Quand son cœur,
Sans rigueur,
Laisse peu languir pour elle,
Son amant !
Qu'il est charmant,
Ce feu qui dévore,
J'adore,
Mais c'est vainement.

Quoi Leonore,
Quoi résister encore ?
Ma langueur,
Mon ardeur,
Tout irrite ta froideur.
Quel tourment !
Qu'il est charmant,
Quand la même flâme,
Enflâme,
L'Amante & l'Amant !

AIR. *Medor à sçu charmer mon cœur.*

Mes soins, mes soupirs, ma langueur,
Rien ne te rend plus tendre !
L'Amour, l'Hymen, tout te fait peur
Comment faut-il te prendre ?
Sa Mere vient, n'approchons point,
Elle instruira la belle;
La bonne mamant sur ce point,
En doit sçavoir plus qu'elle.

SCENE III.

LEONORE, BELISE.

LEONORE.

AIR. *Ma Maîtresse est une blonde.*

POint d'hymen, point de tendresse,
Jamais je n'en veux tâter;
Je ne m'occupe sans cesse,

Qu'à danſer rire & chanter ;
Zeſte,
Leſte,
Preſte,
Voilà comme il faut
Eſtre folâtre & légere,
Toujours prête à faire
Lan laire,
Toujours prête à faire le ſaut.

BELISE.

AIR. *Filles qui paſſez par icy.*

Acaſte ſoupire pour toi,
Mets fin à ſon martyre.

LEONORE.

Oh ! je ne veux que rire moi,
Qu'à ſon aiſe il ſoupire,

BELISE.

Un bon époux, un jeune Amant,
Sçait bien nous faire rire,
Vraiment,
Sçait bien nous faire rire.

LEONORE.

AIR. *Il eſt pourtant tems ma mere.*

Oh laiſſons-là ce Cavalier, *bis.*
Pourquoi vous effrayer ?
Pourquoi vous récrier ?
Il eſt pourtant tems, pourtant tems, ma fille,
Il eſt pourtant tems de vous marier.

AIR. *Monſieur le Comte a très-grand tort.*

Sur mer depuis plus de dix ans,
Mon époux court la pretentaine ;
Hélas! après un ſi long-tems,
Je n'eſpere plus qu'il revienne :
Mais en tout cas il a grand tort,

De ne pas mander s'il eſt mort.

AIR. *Bouchez Nayades vos Fontaines.*

Le pauvre homme aura fait naufrage,
Sans toi reſterois-je en veuvage ?
Prends un mari ſans lanterner,
La jeuneſſe eſt comme la roſe ;
On la voit toujours ſe faner
Preſqu'auſſi-tôt qu'elle eſt écloſe.

LEONORE.

AIR. *Toujours va qui danſe.*

L'Hymen a des chagrins trop grands,
On eſt jaloux, on ſe chamaille ;
Les enfans viennent tous les ans,
Cela gâte la taille,
Je préfére à tous ces ſoins-là,
L'aimable indépendance,
Ta la la la la la la la la la,
Toujours va qui danſe.

SCENE IV.

ACASTE, LEONORE, BELISE.

ACASTE.

AIR. *Cabin, caba.*

BEauté que j'aime,
Commencez mes beaux jours,
Et vous verrez leur cours
Rempli par les amours....

LEONORE.

L'amant tient ces discours,
L'époux fait-il de même ?
Avec lui ce n'est plus celà;
Sa vive tendresse,
Ainsi qu'une yvresse,
Le lendemain cesse,
Plus le devoir presse,
Plus l'amour va, } *bis.*
Cahin, caha. }

BELISE *à Acaste.*

AIR. *Ah! vous ne m'aimez pas.*

Quoi, de cette inhumaine,
Votre cœur n'est point las!
Formez une autre chaine,

ACASTE.

Que ne le puis-je, hélas!

LEONORE.

Vous trouverez sans peine,
De plus charmans appas,
Changez, rien ne vous gêne...

ACASTE.

Ah! vous ne m'aimez pas;

BELISE.

AIR. *Cher Amant tu m'abandonne.*

Une jeunesse semblable
Vous feroit trop endever;
Prenez femme raisonnable,
On en peut encor trouver.

AIR. *Tarare ponpon.*

J'ai fait choix pour vos feux d'un objet moins rebelle,
Qui brûle en ce moment de vous donner sa foy;
Il vaut bien autant qu'elle,

ACASTE.

Madame, je vous croi ;
Mais quelle est cette belle ?

BELISE *se montrant.*

C'est-moi.

AIR. *Gay, gay, gay, mon Officier.*

Gay, gay, gay, mon Officier,
Puisque l'hymen vous tente,
A vous je veux bien me lier,
Songez à l'oublier.... *Fin.*

ACASTE *à Leonore.*

En Fille obéissante,
Il faut vous mraier ;

LEONORE.

Ma mere est obligeante,
Moi ! je me fais prier.

BELISE.

Gay, gay, gay, mon Officier... *au mot fin.*

ACASTE *à Léonore.*

AIR. *Marotte fait bien la fière.*

Puisque vous êtes si fiere,
Il faut bien vous planter-là ;
Allez, Madame, votre mere,
De mon amour me guérira,
Me consolera ;

ACASTE & BELISE.

Puisque vous êtes si fiere,
Il faut bien vous planter-là.

LEONORE.

AIR. *Mariez-moi.*

Sortons, je suis hors de moi...

SCENE V.

ACASTE *continuant l'air.*

QUe vois-je, elle prend la fuite !

BELISE.

Songe à me donner ta foi,
Puiſqu'enfin t'en voilà quitte ;
Mon ptit Roi,
Marions-nous au plus vîte,
Mon ptit Roi,
Je me donne tout à toi.

AIR. *Non je n'irai plus ſeulette aux bois.*

Conſens à de nouveaux ſoupirs,
Sur mes pas volent les plaiſirs,
Nous comblerons tous tes déſirs,
Mon ptit toutou, lon lan là !
Et gay gay gay, ta la la la la la...
Mais pourquoi donc reſter com-çà.

Cleon paroît.

SCENE VI. ET DERNIERE.

CLEON, LEONORE, ACASTE, BELISE, MATELOTS.

CLEON *apperçevant sa femme.*

AIR. *De tous les Capucins du monde.*

PErfide, est-ce ainsi qu'on me traite !
BELISE *reconnoissant Cléon.*
Mon époux ! . . . battons la retraite.
CLEON *à Acaste.*
Je fais le rôle d'un nigaut,
C'est vous qui causez ces méprises ;
En me disant un mot tantôt,
Vous épargniez-bien des sottises.
ACASTE.
AIR. *L'amour se démasque lui-même.*
Quoi, j'ai délivré votre pere !
Ah ! Leonore, quel bonheur !
LEONORE *d'un air content.*
Vous n'épouserez point ma mere !
ACASTE.
Qui m'y forçoit ? . . . . . votre rigueur :
Eh, malgré mon dépit extrême
Ne lisiez vous pas dans mon cœur ?
L'amour se démasque lui-même.
CLEON.
AIR. *Ma raison s'en va grand train.*
Parbleu, c'est un bon vivant,

Epousez-le mon enfant :

LEONORE.

Comme il vous plaira,

CLEON *à Acaste.*

Allons, prenez-là,
Elle vaut bien sa mere ;
Ma Fille, tu payeras par-là ;
Les dettes de ton pere,

LEONORE.

Ouida.

CLEON.

Les dettes de ton pere.

On danse.

Fin du premier Acte.

LA VEUVE COQUETTE.

ACTEURS.

ISABELLE, Veuve Coquette. Me. Dehesse.

DORIS, sa Suivante. Melle. Astrando.

LEANDRE, Officier, amoureux d'Isabelle. Melle. Coraline.

CHRISOGON, Financier, aussi amoureux d'Isabelle. Mr. Rochard.

UNE OUBLIEUSE. Mr. Carlin.

BERGERS.

LA VEUVE COQUETTE.

ACTE SECOND.

Le Théâtre représente un Hameau.

SCENE PREMIERE.

ISABELLE *seule, parée d'un demi deuil galant.*

AIR. *Vive le badinage.*

L'Etat le plus heureux,
Est celui du Veuvage,
Je vois mille amoureux,
Sans en être moine sage;
Mon tems en mariage,
Seroit-il mieux rempli?
Nenni,
Vive une joyeux Veuvage. *bis.*

SCENE II.

DORIS, ISABELLE.

DORIS.

AIR. *De Catinat.*

DE'S que la Parque eut mis votre époux au tombeau,
Vous prîtes pour pleurer le plus riant hameau;
L'amour sçût de l'hymen sécher les pleurs...

ISABELLE.

D'accord,
Mais un jeune galant, vaut mieux qu'un mari mort.

DORIS.

AIR. *Le tout par nature.*

Chaque jour, chaque galant,

ISABELLE.

Amuser plus d'un Amant,
Est un remede charmant,
Contre l'inquiétude:
Je le fais moins par penchant,
Que par habitude.

DORIS.

AIR. *Jamais la nuit ne fût si noire.*

Jamais beauté n'eût tant de gloire!
Faut-il que le veuvage ait pour vous tant d'appas!
Et qu'un second hymen ne vous en offre pas?
Ce dégoût est si grand, que j'ai peine à le croire,
Vous trompez un jeune Officier,
Est-il, est-il, de plus aimable emplette!

Vous êtes ſourde aux vœux d'un Financier,
Que de ducats perdus. *bis*. Ah ! que je les regrette !

AIR. *Un peu de tricherie.*

Mais je les vois venir, Madame,
Allez-vous répondre à leur flâme...

ISABELLE.

Et bon bon bon.
Je t'en répond,
Sous ce boſquet je me retire,
De leurs embarras j'y vais rire,
N'ai-je pas raiſon ?

DORIS.

Ah, ah ! voyez donc !

ISABELLE.

Un peu de tricherie,
Dans la vie,
Eſt toujours de ſaiſon.

SCENE III.

LEANDRE, LE FINANCIER, DORIS.

LEANDRE.

AIR. *Vantez-vous-en.*

JE ſuis ſeul aimé d'Iſabelle.

LE FINANCIER.

Moi, je ſuis au mieux auprès d'elle.

LEANDRE.

Sa bouche m'en a fait ſerment.

LE FINANCIER.

J'en dis autant. *bis*.

Mon mérite eſt aſſez brillant,
Pour ne point trouver de cruelle;
Car j'ai de bon argent comptant,
Vantez-vous-en.

LEANDRE.

AIR. *Ma chere mere.*

Le Militaire
Formé pour plaire,
Charme d'abord,
Sans or,
Ni coffre fort;
Tendre parole,
Langage drôle,
Le rend vainqueur,
Du plus rebelle cœur;
Par ſon jargon,
Il engeolle, il engeolle,
Par ſon jargon,
Il engeolle un tendron.

DORIS.

AIR. *Des Pierrot.*

Ne diſputés point vainement,
Chacun de vous peut charmer une belle.

A l'Officier.

Vous aimez délicatement.

En montrant le Financier.

Mais il aime ſolidement.

LE FINANCIER.

Qui ſera l'époux d'Iſabelle.

LEANDRE.

C'eſt-moi, Monſieur, elle vous le dira.

DORIS.

Madame, vient qui vous en inſtruira,

LEANDRE.

LEANDRE & LE FINANCIER.
Ah ! ah !
Nous allons voir-ça.

SCENE IV.

ISABELLE, LEANDRE, LE FINANCIER, DORIS.

LE FINANCIER.

AIR.

AH ! morbleu que vous êtes belle,
Ventrebleu que vous valez d'or !

LEANDRE.

Vous seriez cent fois plus cruelle,
Qu'on vous adoreroit encor.

LE FINANCIER.

Ah ! morbleu, &c.

AIR. *Pour la Baronne.*

Et l'un & l'autre,
Brûlons pour vous des mêmes feux ;
Décidez, quel choix est le votre ?

LEANDRE.

Oui, qui renvoyez-vous des deux ?

ISABELLE.

Ni l'un, ni l'autre.

LEANDRE.

AIR. *C'est encore mieux.*

Je crois être l'heureux Amant,

LE FINANCIER.

On est fait d'un modéle,

A prendre hypotéque aisément ;
Sur le cœur d'une belle.

ISABELLE.

A bannir l'un j'aurois trop de regret.

LEANDRE.

C'est fort bien fait.

LE FINANCIER.

C'est fort bien fait.

ISABELLE.

Ne puis-je pas vous garder tous les deux ?
C'est encor mieux. *bis.*

LEANDRE & LE FINANCIER.

AIR. *Allons donc Mademoiselle.*

Allons donc Mademoiselle,
Expliquez-vous sans façon ;

LE FINANCIER.

C'est trop faire la cruelle.

LEANDRE.

C'est trop feindre hors de saison.

TOUS DEUX.

Allons donc, &c.

ISABELLE.

AIR. *Vous qui voyez les Dames.*

Quels transports sont les votres ?
Mon pauvre époux, hélas,
Valoit mieux que vous autres,
Je pleure son trépas.

LE FINANCIER.

Je vous consolerai.

LEANDRE.

Je vous divertirai.

LE FINANCIER.

Je vous amuserai.

TOUS DEUX.

Je le remplacerai.

LE FINANCIER.

AIR. *Mademoiselle, parez votre Chapelle.*

J'ai pour réussir dans mon amour,
Rassemblé les Bergers d'alentour,
Sans tristesse en ce jour,
Ne songeons qu'à chanter votre Fête,

Aux Bergers.

Ça voici ma conquête.
Hâtez-vous,
Venez-tous,

Donnant un bouquet à Isabelle.

Mademoiselle,
Parez votre chapelle. } *bis.*

SCENE V.

ISABELLE, DORIS, LEANDRE, LE FINANCIER, BERGERS, UNE OUBLIEUSE.

On danse.

UNE OUBLIEUSE.

RONDE.

REgalez vous à peu de frais,
Vla l'plaisir des Dames,
Monsieur, ma mandé tout exprès,
Pour rendre hommage à vos attraits;

Venez choisir,
Venez Filles & Femmes,
Vlà l'plaisir des Dames,
Vlà l'plaisir.

Pour rendre, &c.
Vlà, &c.
On ne me renvoye jamais,
J'ai des oublis pour ces plumets,
Venez choisir, &c.
J'ai des oublis, &c.
Vlà, &c.

Pour ces petits Muguets coquets,
Je porte des colifichets,
Venez, &c.
Je porte, &c.
Vlà, &c.

Pour nos tendrons j'ai des croquets,
Pour nos maris j'ai des cornets,
Venez choisir,
Venez Filles & Femmes,
Vlà l'plaisir des Dames,
Vlà l'plaisir.

On danse.

SCENE VI. ET DERNIERE.

ISABELLE, DORIS, LEANDRE, LE FINANCIER.

LE FINANCIER.

AIR. *Est-ce ainsi qu'on prend les belles.*

Peut-on douter de ma flâme,
Après de pareils efforts ?

LEANDRE.

Parbleu vous traitez, Madame,
Comme un tendron du Palais ;
Croyez-vous que de ces preuves,
Elle se contentera :
Est-ce ainsi qu'on prend les Veuves,
Lon lan là, au gué lan là.

ISABELLE.

AIR. *Ma raison s'en va grand train.*

En prenant l'un pour époux,
Je rendrai l'autre jaloux,

A l'Officier.

Je ne sens rien pour vous,

LE FINANCIER.

Fort bien..

ISABELLE *au Financier.*

Ni pour vous.

LEANDRE.

Fort bien...

LE FINANCIER.

Qu'elle eſt ſauvage!

ISABELLE.

Si vous voulez après cela
Riſquez le mariage,

LEANDRE & LE FINANCIER.

Non d'à.

ISABELLE.

Riſquez le mariage.

Elle ſort avec Doris.

LE FINANCIER.

AIR. *N'avez-vous pas vû l'horloge.*

Tant mieux la veuve déloge,
Son procedé me déplaît,
Ma foy ſa beauté déroge,
Depuis ſon maudit arrêt.

LEANDRE.

N'avez-vous pas vû l'horloge,
Sçavez-vous quelle heure l'heure il eſt.

LE FINANCIER.

AIR.

Vole amour, vole,
J'imite ta légéreté,
Mépriſé d'une beauté,
Près d'une autre je m'en conſole.
Vole amour, vole,
J'imite ta légéreté.

Fin du ſecond Acte.

LA FEMME.

ACTEURS.

CALISTE, femme de Dorante. Melle.Silvia.

DORINE, ſa Suivante. M^e^. Deheſſe.

DORANTE, mari de Caliſte. M^r^.Rochard.

ARLEQUIN, mari de Dorine. M^r^.Carlin.

MASQUES.

LA FEMME.

ACTE TROISIE'ME.

SCENE PREMIERE.

CALISTE *seule un masque à la main.*

• AIR. *Sans le sçavoir.*

AMour, quel aimable avantage,
D'occuper un cœur sans partage !
Mon époux comble mon espoir !
Epris d'une flâme nouvelle,
Il croit manquer à son devoir ;
Et cependant il est fidele,
Sans le sçavoir.

SCENE II.

DORINE, CALISTE.

DORINE.

AIR. *Ronde de l'Opéra Comique.*

VOtre époux qui vous croit abſente
Amuſe ſes déſirs fripons
Au nouvel objet qui l'enchante,
Il va donner les violons ;
Si le mien me faiſoit injure,
Il me le payroit je vous jure,
Femme qui ſe ſent outrager
A toujours dequoi ſe vanger.

CALISTE.

AIR. *Ces Filles ſont ſi ſottes.*

Je ſuis ſous un nom emprunté,
L'objet de la légéreté ;
De moi, Dorante eſt enchanté !

DORINE.

Quel bonheur eſt le votre !

CALISTE.

Ainſi je gâgne d'un côté,
Ce que je perds de l'autre. *bis.*

AIR. *Je ne ſçais comment ça ſe fit.*

Un ſoir dans un bal il me vit,
Je ne ſçais comment ça ſe fit.
Il m'aborda tout interdit.
Il étoit ſi tendre,

Que j'allois me rendre,
Un ſcrupule me deffendit,
Je ne ſçais comment ça ſe fit.

DORINE.

AIR. *Ni l'un, ni l'autre.*

Voilà les hommes,
De ſa femme on eſt bientôt las!
C'eſt là mode au ſiécle où nous ſommes;
On veut celles que l'on n'a pas,
Voilà les hommes.

CALISTE.

AIR. *Sont les Garçons du port au blé.*

Il vient, ſortons.

DORINE.

Pourquoi cela?

CALISTE.

Je prétends comme à l'Opéra,
Uſer encore un peu d'adreſſe,
Pour mettre à profit ſa tendreſſe.

SCENE III.

DORANTE, ARLEQUIN.

DORANTE.

AIR. *Du Corbillon.*

MOn épouſe eſt loin de la ville,
Et me voilà le maître pour deux jours,
Hélas! que je ſuis peu tranquille,
J'attens ici l'objet de mes amours,

A la fin mes yeux verront donc,
Son joli petit air fripon.

ARLEQUIN.

AIR. *Je ſommeille.*

Pourquoi quitter votre moitié.

DORANTE.

Ne m'en parlés pas par pitié,
Je ſommeille ;
Elle eſt belle, elle eſt ſage... mais
En amour vive un nouveau mets.
Celà réveille.

Appercevant ſon Inconnue.

AIR. *C'eſt ma deviſe.*

Tiens elle porte ici ſes pas,

ARLEQUIN.

Quel gout fantaſque !
Vous ne jugez de ſes appas,
Que ſur ſon maſque !

DORANTE.

Vois la majeſté de ſon port,

ARLEQUIN.

Quelle ſottiſe !
Belle montre & peu de rapport,
C'eſt ſa deviſe.

SCENE IV.

CALISTE *masquée*, DORANTE *masquée*, DORANTE, ARLEQUIN, TROUPE DE MASQUES.

MARCHE.

DORANTE.

AIR. *Cotillon des Fêtes de Thalie.*

EXerçons un peu nos jarrets,
Et Dansons ensemble
Les nouveaux menuets,
Le plaisir ici nous rassemble,
Folâtrons,
Sautons,
Des cotillons,
Des Rigaudons,
Exerçons un peu nos jarrets,
Et Dansons ensemble,
Les nouveaux menuets.

On danse.

DORINE *masquée.*

AIR. *J'ai demandé à ma mere.*

D'Arlequin qui va paroître,
Je veux tirer le secret,
Il vient, sçachons s'il est traître,
Car tel maître, tel valet;
Arlequin inconstant,
Sera payé comptant,

C'est un usage admis,
Change pour change,
Quitte à quitte & bons amis,
Quand on s'arrange,

A Arlequin.

AIR. *Sur le ri tanta la leri.*

Vous semblez éviter mes pas?

ARLEQUIN.

Qui moi... j'ai d'autres embarras.

DORINE.

Vous reculez, mon cher petit,
Ah! chit, chit, chit, chit,

ARLEQUIN.

Ti re li tanta la leri,
Ti re li tanta le ri.

DORINE.

AIR. *Monsieur l'Abbé retirez-vous.*

Souffrez qu'avec-vous je babille,
Au Bal cherchez-vous quelque objet?

ARLEQUIN.

Elle m'en veut! quel air coquet!
Si l'on sçait ça dans vot' famille,
Est-ce le fait d'une honnête fille,
Retirez-vous, retirez-vous, retirez-vous.

DORINE *le caressant.*

Eh! parlez-nous,
D'un ton plus doux.

ARLEQUIN.

Mon cher trognon... chien d'trognon finirez-vous.

AIR. *Petite la Valiere.*

Votre Sexe morbleu, m'a joué plus d'un tour,
Je déteste à la fois & l'hymen & l'amour,
Ma femme est un dragon pire que tous les diables,
Elle m'a dégoûté d'elle & de ses semblables.

AIR. *Du Carillon de Dunkerque.*

Oui, ma très-digne épouſe,
En malice en vaut douze,
Pour fuir cette honeſta,
J'irois juſqu'en Canada.

DORINE.

Puiſqu'elle eſt ſi mauſſade.
Pourquoi la ménager,
Sans craindre d'algarade,
Un époux peut changer.

ARLEQUIN.

En lui ſaiſant affront,
Je craindrois pour mon front.

DORINE.

Il a bien répondu,
Il a de la vertu,
Que de maris ici,
Qui ne penſent pas ainſi.

On danſe.

DORANTE.

AIR. *Laiſſez faire au tems.*

A mes yeux permettez ma chere,
D'admirer vos divins appas;

CALISTE.

N'exigez point...

DORANTE.

Quel ton ſévére...

CALISTE.

Mes appas ne ſe montrent pas,

DORANTE.

Dieux!

CALISTE.

Peut-être en voulant vous plaire,

De vos feux, je sçaurois vous guérir.
Laire, laire,
J'aime à faire,
Durer le plaisir.

DORANTE.

AIR. *Pierrot se plaint que sa femme.*

Vous resistez inhumaine?

CALISTE.

Je crains un cœur inconstant;
N'avez-vous point d'autre chaîne!

DORANTE *troublée.*

Moi! ...

CALISTE.

Vous parlez en Normand.

DORANTE.

Vous êtes ma Souveraine,
Tout mon cœur vous est soumis;
Allons ma Reine,
Rendez-vous, car je languis,
Plusque la Scêne.

CALISTE.

AIR. *Mais je ne vous dis pas cela.*

Que dira Caliste...

DORANTE *déconcertée.*

Madame,

Ciel!

CALISTE.

Il faut pour moi l'oublier.

DORANTE *à part.*

Soit, mari se fait-il prier;
Pour-être infidele à sa femme...

CALISTE *à par.*

Mais quel insolent est-ce-là.

Haut.

Hau.
Vous ne l'aimerez plus ?

DORANTE.

J'en jure,
L'aimer ſeroit vous faire injure.

CALISTE & DORINE *ſe démaſquant*.

Mais je ne vous dis pas celà.

MUSETTE.

DORANTE.

AIR. *Que Sylvie m'offre ſon cœur.*

QU'il m'eſt doux,
De n'aimer que vous;
Si l'Hymen m'accuſe,
L'Amour m'excuſe,
Qu'il m'eſt doux,
De n'aimer que vous,
Votre aimable ruſe,
Fait un amant d'un époux.

Mon erreur,
Ne vous fait point outrage,
Et mon cœur,
Conſtant quoique volage,
Pour vous rendre hommage,
Dans de nouveaux nœuds s'engage,
Je vais ſans partage,
Dire à vos genoux,
Qu'il m'eſt doux, &c.

Nulle crainte,
Désormais nulle plainte,
A nos feux,
Ne portera d'atteinte,
Toujours amoureux,
Toujours heureux,
Comblons nos vœux,
Que notre cœur sans feinte,
Dise par nos yeux,
Qu'il m'est doux, &c.

On danse.

Fin du troisiéme & dernier Acte.

Lû & approuvé pour l'impression, ce 28 Août 1745. CREBILLON.

Vû l'Approbation du sieur Crébillon, permis d'imprimer, à la charge de l'enregistrement à la Chambre Syndicale. A Paris ce 31 Août 1745. MARVILLE.

Registré sur le Livre de la Communauté des Libraires & Imprimeurs de Paris, N°. 3054. *conformément aux Reglemens & notamment à l'Arrêt du Conseil du* 10 *Juillet* 1745. *A Paris le premier Septembre* 1745.

VINCENT, *Syndic.*

www.ingramcontent.com/pod-product-compliance
Lightning Source LLC
LaVergne TN
LVHW020303230826
846091LV00006B/2508
9782329345017